𝕿𝖍𝖊̀𝖘𝖊

POUR LA LICENCE.

L'acte public sur les matières ci-après sera soutenu
le jeudi 17 août 1854, à midi,

Par J.-M. BRANET, né à Saint-Paul–de–Bayse (Gers).

Président, M. ORTOLAN, Professeur.

Suffragants:

MM. DEMANTE,

BUGNET,

COLMET-DAAGE,

FERRY,

} Professeurs.

Suppléant.

*Le Candidat répondra en outre aux questions qui lui seront faites sur les
autres matières de l'enseignement.*

PARIS,

VINCHON, FILS ET SUCCESSEUR DE Mᵐᵉ Vᵉ BALLARD,
Imprimeur de la Faculté de Droit,
RUE J.-J. ROUSSEAU, Nᵒ 8.

1854.

A MON PÈRE, A MA MÈRE.

JUS ROMANUM.

DE EVICTIONIBUS ET DUPLÆ STIPULATIONE.

(Dig., lib. xxi, tit. 2 et 3.)

Evictio est, cum emptori rem habere non licet, sive a non domino emerit, sive ex qualibet alia causa, traditio rem non fecerit suam. Tunc locus est actioni ex empto, ut indemnem emptorem venditor faciat. Sed ne difficilior sit damni probatio, ne incerta ejus æstimatio, stipulatio quædam interponi solet, per quam venditor duplum pretii repromittit, si evictio accidat ; et si hanc cautionem præstare nolit venditor, per actionem ex empto ad id compellitur.

DE STIPULATIONE DUPLÆ ET ACTIONE QUÆ EX EA ORITUR.

SECTIO I.

De stipulatione duplæ.

Hæc stipulatio in eo consistit, ut dupla promittatur, adveniente postea evictione.

Jam illius pervulgaris erat usus, quum edictum ædilium jussit venditorem semper duplum promittere, si posceret emptor, nisi de minimis rebus ageretur (fr. 37, § 1); et hæc stipulatio non emptioni-venditioni tantum, sed etiam potest cuivis contractui adjungi, dum talis sit ut pœna committi possit (fr. 52). Sed animadvertamus fiscum nunquam ultra simplum teneri, quando quidem procurator Cæsaris duplum, vel triplum promisisset (fr. 5, *de jure fisci*). Nec præterire debemus Gaii sententiam, in fragmento 6 nostri tituli : « Si fundus venierit, ex consuetudine ejus regionis in qua negotium gestum est, pro evictione caveri oportet. » In quibusdam enim provinciis nunquam ultra simplum tenebatur venditor.

Ex generali prudentium præcepto, si plures in stipulatione res continerentur, verbi gratia, servum furem non esse, erronem non esse, tot erant stipulationes, quot res promissæ; ita ut separatim ex quacumque agere fas erat, dum tamen emptor nunquam ex variis his actionibus, plus quam duplum pretii consequatur (fr. 32, § 1).

Quædam amplius notanda sunt, de stipulationibus, quæ ad vitia, vel ad virtutes servorum attinent. Et primum in dubium venit an hæc stipulatio invalida non fuerit; quia, si verum est quod promittitur, inutilis est stipulatio; si falsum, impossibile est quod promittitur. Porro, quod impossibile est, neque pacto, neque stipulatione comprehendi potest (l. 31, *de reg. j.*). Sed recte Ulpianus hanc stipulationem : servum furem non esse, etc., utilem sentit, veluti continentem quod interest servum quid esse, vel quid non esse. Alioquin, ait, stipulatio quæ ab ædilibus proponitur, inutilis erit, quod utique nemo sanus probabit (fr. 31).

SECTIO II.

De actione ex stipulatione duplæ.

Hæc actio stricti juris est, veluti aliæ actiones, quæ ex stipulationibus oriuntur. Inde rigor prudentium qui verba præsertim nuncupata inquirunt.

Necessariæ conditiones ut actio ex stipulatu emptori detur, duæ sunt : evictio et denuntiatio.

I. *Evictio*. — Hic invenitur stricta nostræ actionis indoles. Ut committatur stipulatio, non satis est emptorem victum fuisse, cum quis rem vindicaverit, dum reipsa res ablata, vel abducta non fuerit. « Evincere enim plus est quam vincere, ait Cujacius; nec enim superare tantum est venditorem, sed etiam vel rem, vel possessionem abducere. »

Hoc aperte explicatur in compluribus nostri tituli fragmentis. Sic (fr. 9) mihi servum vendidisti Titii, qui me postea hæredem instituerit. Nunquam committitur duplæ stipulatio, quoniam servus non potest evinci. Adde ffr. 21, 41, § 1 : his autem casibus, ex empto agendum erit. Imo, si is qui emptorem in vindicatione rei vicerit, ante ablatam, vel abductam rem sine successore decesserit, ita ut neque ad fiscum bona pervenire, neque a creditoribus distrahi possint, nulla emptori competit actio, quia rem ei habere licet (fr. 57).

In tribus autem casibus, res evinci intelligitur (fr. 16, § 1) : 1° quum res petitori ab emptore restituta est ; 2° quum possessor ab emptore conventus, absolutus est ; sed necesse est, in hoc casu, emptorem non posse Publiciana uti (fr. 39, § 1); 3° quum in litis æstimationem damnatus fuit emptor erga petitorem. Tunc enim non ex priori, sed ex nova venditione rem habere videtur (fr. 21, § 2).

Sed si, lite contestata, culpa possessoris fugerit servus, quamvis damnatus sit possessor, non poterit tamen adversus venditorem extemplo agere, quia ex dolo suo litis æstimationem solvit; sed cum fugitivum apprehenderit, committetur stipulatio, quia hunc non possideret, nisi pretium vindicanti solvisset (fr. 21, § 3).

Parvi demum refert an corporalis sit res evicta, an in jure consistat (ffr. 10, 46, § 1). Sed cum de servitutibus fundo debitis agatur, auctoritatem non præstat venditor, nisi specialiter dictæ fuerint accessuræ, aut nisi fundus, ut *optimus maximusque* traditus fuerit. Tunc enim liber ab omni servitute præstandus est (f. 75).

Ut stipulatio evictionis committatur, hæc circa evictionem concurrre debent :

1° *Ut tota res vel pars evicta sit.* — Ait, in fr. 1, Ulpianus : « Sive tota res evincatur, sive pars, habet regressum emptor in venditorem ». Unde, a contrario, ffr. 42 et 43, quæ regressum denegant emptori, partu evicto, quia partus in stipulatione non comprehenditur. Unde, fr. 56, § 2 : « In stipulatione duplæ, cum homo venditur, partis adjectio necessaria est, quia non potest videri homo evictus, cum pars ejus evicta sit ». Unde ffr. 36 et 44.

Circa usumfructum dubium venire potuisset, quia ususfructus persæpe servituti æquiparatur. Sed Ulpianus (fr. 38, § 3, *de verb. oblig.*) et Gaius (f. 39, *h. t.*) consentiunt ususfructus evictione committi duplæ stipulationem.

2° *Ut jure et judicio facta sit evictio.* — Jure, — hoc expressis verbis, in fr. 51, continetur : « Si per imprudentiam judicis, aut errorem emptor rei victus sit, negamus auctoris damnum esse debere. » Judicio, — hæc descendit fere ex omnibus hujus tituli fragmentis, necessitas; nec refert quale fuerit judicium, sive rei vindicatio, sive restitutio in integrum, sive communi dividundo , sive Serviana actio (ffr. 39, 34, §§ 1 et 2; 35, 66, § 1).

Notandum tamen est compromissum, pro judicio non teneri; nulla enim necessitas emptorem compromittere cogit (fr. 56, § 1).

3° *Ut ex causa venditionem antecedente, et a venditore non excepta veniat.* — Sic Paulus, in fr. 3, exemplum affert servi cujusdam, qui summam ex peculio suo secum abstulerat. Si propter hanc causam, furti cum emptore actus sit, non revertetur emptor adversus venditorem ex stipulatione duplæ, quia hæc actio postea esse cœperit.

Nunc si de causis exceptis agamus, generale præceptum inveniemus in fr. 69 : qui libertatis causam excepit, sive jam liber servus sit, sive posterius fiat, evictionis nomine non tenetur. Adde ffr. 69, 54, § 1 ; 46, §§ 2 et 3, unde oritur sequens doctrina de statu libero : qui simpliciter servum statuliberum esse dicit, non tenetur ex stipulatione duplæ; sin autem certam conditionem pronuntiaverit, deteriorem facit conditionem suam, quia videntur omnes alii casus in stipulationem venire.

4° *Ut nulla culpa sit emptoris.* — Si emptori objiciantur exceptiones ex facto ejus, non committetur stipulatio (ffr. 27, 28). Sic, cum mancipium ita venditum fuerit, ne prostituatur, et cum prostitutum fuerit, ut liberum esset, libertate mancipio adveniente, nullum habet regressum emptor, qui contra legem emptionis fecit (f. 34). Adde ffr. 51, § 2 ; 76, 63, § 2.

II. *Denuntiatio.* — Venditori denuntianda est rei vindicatio, ut committatur stipulatio, nisi venditor faciat quominus ei denunteitur. Imo, si nihil venditore faciente, emptor cognoscere ubi esset non potuit, nihilominus committetur stipulatio. Omissa denuntiatione, nec venditor, nec hæredes ejus tenentur (l. 8, C. de evict., fr. 53, § 1, *huj. tit.*).

Non præfinitur certum tempus, in quo hanc denuntiationem

factam esse oporteat, dum tamen ne prope ipsam condemnationem id fiat (f. 29, § 2).

CUI ET ADVERSUS QUEM HÆC ACTIO DATUR.

Hæc actio emptori datur, et his qui in universum ei succedunt; aliis actione uti non licet, nisi expresse cessa fuerit. Cæterum, ait Pothier, committitur stipulatio evictionis, non solum quum ipsi emptori res evincitur, sed et cum evincitur successori, cui rem non evinci interest emptoris. Sic mulier marito fundum in dotem dedit, et postea maritus evincitur; mulieris interest hunc non evinci, quia minorem dotem habere cœpit, vel etiam nullam. Unde, si mulier satis accepit, statim agere adversus fidejussores, emptionis nomine potest (f. 22, § 1). Non tamen ei consequens est, ut actio mulieri competat, si marito in dotem dederit servum emptum, et cujus jam antea dominus erat; quia, in eo casu, a judicio non procedit evictio (fr. 24).

Pater ipse qui fundum in dotem filiæ dedit ex stipulatu agere potest, quasi ipse damnum patiatur; illius enim interest filiam dotatam habere, quoniam, excepta quidem affectione paterna, spem aliquando recipiendæ dotis habet (fr. 71).

Denique, is qui fundum emerat, et satis de evictione acceperat, eum rursus vendidit. Emptori suo hæres factus, actionem habet adversus fidejussores primi venditoris, quia illius interest rem non evinci. Quædam enim ratio inter hæredem et hæreditatem ponitur, et per hoc, minus in bonis hæredis esse intelligitur (fr. 41, § 2).

Adversus eum qui se auctorem professus est dabitur actio; et si plures in solidum tenentur, adversus singulos, totius rei nomine agetur. Sed postquam cum uno fuero expertus, si agam cum cæteris, exceptione doli mali me esse repellendum Labeo ait (fr. 51, § 4).

Si plures mihi vendiderunt, adversus unumquemque agam, pro parte vendita (fr. 39, § 2); parvi cæterum refert, an omnes simul vendiderint, aut unus, si alii præsentes adfuerunt, nec dissenserunt (fr. 12).

Notandum est, si creditor rem pignori obligatam evicerit, omnes venditores teneri, etiamsi unus eorum partem suam solverit; idque propter indivisam pignoris naturam placet (fr. 65). Datur etiam hæc actio adversus hæredem venditoris, qui de evictione promisit (fr. 19, § 1); et si plures sint cohæredes, omnibus denuntiare necesse est, et omnes defendere debent (62, § 1).

QUINAM SINT EFFECTUS EX STIPULATIONE DUPLÆ.

Jam supra, actionis ex stipulatu strictam indolem notavimus. Inde verbis contrahentium semper studium dare necesse est, et cavere ne ultra sensum eorum protrahantur. Inde actio in duplum pretii, non in duplum rei evictæ datur. Si igitur, ei aliquid accesserit, aut ipsa deminuta fuerit, hoc est damno aut lucro emptori (fr. 16, 64).

Cum autem pars rei evictæ evincatur, distinguendum est, utrum hæc pars divisa, vel indivisa sit. Si enim pars sit indivisa, veluti dimidia, tertia, quarta, pro quantitate evictæ partis regressum habet emptor. Nam, ut ait Cujacius, non ex qualitate potest æstimari pro indiviso, cum ejus partis nulla qualitas subsit; pars est quota, non qualis; quod si pars divisa sit, si certus locus evictus sit, pro bonitate loci erit regressus, quia quum melior pejorve pars evinci potuerit, quota pretii pars certo loco inest, difficilius dicere fuerit.

Cæterum, hæc ita se habent, cum fundus uno pretio veniit; sed si singula jugera certo pretio venierint, tunc non bonitatis æstimationem, sed pretium datum pro singulis jugeribus evictis præstandum est (fr. 53).

Quum totus fundus evincatur, postquam jam emptor, alicujus juris nomine evicti, veluti servitutis, aliquid obtinuerit, hoc distrahendum est ex duplo tunc debito, ne plus quam duplum pretii emptor consequatur (fr. 48).

DE EXCEPTIONE REI VENDITÆ ET TRADITÆ.

Hæc exceptio ex venditione descendit ; emptori datur ad repellendum auctorem qui rem ab eo venditam et traditam vindicaret, ejusque successores.

Ea utuntur, non solum is cui res tradita est, sed etiam successores ejus et emptores secundi (fr. 3). Si is qui emit, in tali causa fuerit, contractus tempore, ut non possit ipse exceptionem opponere, poterit in factum excipere (fr. 1, § 4).

Notandum est amplius exceptionem dari adversus dominum, qui rem per procuratorem vendiderit, nisi extra mandatum procurator egerit (fr. 1, §§ 2 et 3) ; tunc enim dominus vindicare poterit. Idem erit, si justam causam habet venditor, cur vindicet. Tunc enim replicatione adversus exceptionem utetur ; veluti fidem emptoris secutus non fuerit, nec solverit pretium emptor (fr. 1, § 5).

Maximæ utilitatis est hæc exceptio, ut ait Marcellus, si fundus alienus venditus fuerit et venditoris postea factus sit. Tunc obstabit exceptio ; et ratio est evidens, ait Pothier ; si quidem et si hunc possideres, recte adversus te agerem, ut eum mihi traderes ; a fortiori, ego emptor debeo habere exceptionem adversus te, juxta regulam juris : cui damus actiones, eidem et exceptionem competere, multo magis quis dixerit (L. 156, § 1, *de reg. juris*).

POSITIONES.

I. Stipulatio duplæ committitur, cum emptor vindicanti litis æstimationem dare coactus est.

II. Evictio servitutis, quæ tacite secuta est, stipulationem non committit.

III. Ob evictionem ususfructus, tenetur venditor stipulatione duplæ.

IV. Stipulatio, quæ ad vitia, vel virtutes servorum attinet, invalida non est.

V. Si fundus quem emeram ipse vendidero, deinde emptor meus mihi hæres exstiterit, aut ego illi, post evictionem adversus priorem venditorem stipulatio duplæ committetur.

VI. Cum duo cohæredes rem pignoratam vendiderint, et alter pignus pro parte liberaverit, evicta re, uterque evictionis nomine tenetur.

VII. Quum tantum partis evictio sit, distinguendam est an sit pars divisa aut indivisa.

VIII. Exceptio rei venditæ et traditæ opponitur tam ipsi venditori, quam ejus hæredibus, imo et vero domino, quum hæres fuerit ei qui rem alienam vendiderit.

IX. Aliquando exceptioni rei venditæ et traditæ opponi potest replicatio.

DROIT FRANÇAIS.

DE LA VENTE.

(C. C., art. 1582 à 1657).

Si le législateur, dans la distribution de son œuvre, avait à tenir compte de l'origine des contrats, si, comme l'historien, il avait à se préoccuper de l'ordre chronologique, assurément l'échange eût occupé dans le Code une place antérieure à celle de la vente. Tout le monde sait, en effet, que contemporain des peuples en enfance, l'échange fut chez eux le contrat qui dut suffire aux nécessités journalières de la vie et aux besoins peu impérieux, du reste, d'un commerce naissant. Ce ne fut que plus tard, et à raison de modifications successives, que la vente vint offrir un moyen de transmission plus commode et plus avantageux. Mais sans nous attacher à décrire les liens intimes qui rattachent ces deux contrats l'un à l'autre, sans nous occuper à préciser les causes, qui, en amenant la décadence de l'un, ont provoqué le développement de l'autre, nous passerons de suite à l'étude de notre sujet, pour lequel nous suivrons la division du Code.

CHAPITRE Ier.

DE LA NATURE ET DE LA FORME DE LA VENTE.

« La vente, dit l'art. 1582, est une convention par laquelle l'un s'oblige à livrer une chose, et l'autre à la payer. »

Malgré l'exacte ressemblance qui existe entre cette définition et celle de la vente romaine, il ne faut pas croire que les effets que produit chez nous ce contrat soient les mêmes que ceux qu'il produisait à Rome.

A Rome, la vente par elle-même ne transférait pas à l'acheteur la propriété de la chose vendue ; son effet se bornait à faire naître des obligations entre les parties contractantes. Le vendeur ne s'obligeait même pas à rendre l'acheteur propriétaire ; il n'était tenu que de lui procurer ce que les jurisconsultes appelaient « *vacuam possessionem.* »

• Chez nous, cette ancienne nature du contrat de vente n'a pas été conservée. En principe, et sauf quelques cas exceptionnels, elle opère le transport immédiat de la propriété, sans qu'il y ait tradition de la chose, ni payement du prix. C'est ce qui résulte suffisamment des art. 711, 1138, 1583, et de l'art. 1599 qui prohibe la vente de la chose d'autrui. Si la vente, en effet, n'était pas par elle-même un acte d'aliénation, si son unique effet était d'engendrer des obligations, rien ne rendrait nécessaire que le vendeur fût propriétaire de la chose, au sujet de laquelle il s'engage. Ainsi donc, et c'est l'art. 1583 qui le dit lui-même, la propriété est acquise de droit à l'acheteur, *à l'égard du vendeur*, dès qu'on est convenu de la chose et du prix.

On pourrait d'après ces mots, *à l'égard du vendeur*, conclure que les effets de la vente, tels que nous venons de les expliquer, sont restreints entre les parties contractantes, et que, vis-à-vis des tiers, un autre acte est nécessaire pour transférer la propriété. Mais ces mots ont un sens historique qu'il est important d'expliquer.

Au titre des Obligations, et sous l'art. 1140 de ce titre, on débattit vivement la question de savoir, si la transcription exigée par la loi du 11 brumaire an VII, pour transférer la propriété des immeubles à l'égard des tiers, serait maintenue ou rejetée. Les deux partis ne pouvant s'entendre, on renvoya la décision au titre de la Vente et à celui des Hypothèques. Sous notre titre, les adversaires et les partisans de la transcription persistant dans leur système, ont fut encore obligé d'ajourner la solution de la question.

Au titre des Hypothèques, où la question devait être définitivement résolue, il est bien parlé de la transcription; mais il n'en est pas parlé comme moyen nécessaire pour transférer la propriété à l'égard des tiers. Cependant, malgré le silence du Code, ou plutôt à cause même de ce silence, il est constant que le consentement seul suffit pour transférer la propriété, tant à l'égard des tiers qu'à l'égard du vendeur. Du reste, l'art. 834 du Code de procédure tranche définitivement la question, en permettant aux tiers qui avaient sur un immeuble des priviléges et hypothèques, acquis avant l'aliénation, de les inscrire dans la quinzaine du jour de la transcription de l'acte de vente. Si, après l'aliénation, les tiers n'ont que le droit d'inscrire des hypothèques anciennes, c'est que évidemment le vendeur n'a pas le droit de leur en constituer de nouvelles.

Voilà pour ce qui regarde les immeubles. Quant aux meubles, on a soutenu que le Code avait conservé la théorie romaine, c'est-à-dire que la propriété n'en était transférée à l'égard des tiers que par la tradition; et on s'est fondé, pour le décider ainsi, sur ce que un premier acheteur n'a pas le droit de revendiquer contre un second qui a été mis en possession. Mais ce système repose évidemment sur une confusion d'idées. Si le premier acheteur n'a pas le droit de revendiquer, ce n'est pas parce que le vendeur est resté propriétaire ; mais parce que le second acheteur jouit du bénéfice de la prescription instantanée de l'art. 2279 ; et ce qui prouve jusqu'à l'évidence que le droit de ce dernier est uniquement fondé sur la prescription, c'est que le Code exige qu'il soit de bonne foi pour qu'il puisse repousser la revendication du premier acheteur.

Ainsi donc, la vente par elle-même produit des effets absolus, opposables tant aux tiers qui, depuis sa perfection, ont contracté avec le vendeur, qu'au vendeur lui-même. Mais, pour qu'il en soit ainsi, il faut que la chose qui fait l'objet de la vente, soit un corps certain et déterminé. S'il s'agit, au contraire, d'un objet certain, c'est-à-dire d'une chose qui n'est pas individuellement désignée, alors son effet se borne à faire naître des obligations, et la propriété n'en est transférée que par la détermination individuelle de l'objet vendu.

La vente, dit le 2e alinéa de l'art. 1582, peut être faite par acte authentique ou sous seing privé. Ici encore nous sommes forcés de remonter aux travaux préparatoires du Code, pour ne pas voir dans ces mots une restriction apportée aux principes de la preuve. On n'a pas eu pour but de proscrire tout autre moyen de preuve que l'acte authentique ou l'acte sous seing privé ; on a voulu seulement prévenir un doute qu'auraient pu faire naître les observations du Tribunat, qui voulait que les ventes d'immeubles, conformément à l'usage suivi dans quelques parlements, ne pussent se constater que par acte authentique.

La vente est susceptible de toutes les modalités juridiques qui peuvent affecter les autres contrats. Elle peut être pure et

simple, à terme, sous condition, etc. Dans tous ces cas, son effet est réglé pour les principes généraux des conventions (1168 à 1196).

Le Code, dans les art. 1185 et suiv., prévoit et réglemente certaines hypothèses, au sujet desquelles quelque doute aurait pu s'élever. Nous les étudierons rapidement.

§ 1. — *Vente des choses qui se pèsent, se comptent ou se mesurent.* — Ces choses peuvent être vendues de deux manières difrentes : en bloc, pour un seul et même prix, ou bien à tant la mesure. Dans le premier cas, la vente à l'instant même du contrat est parfaite sous tous les rapports, indépendamment de toute opération ultérieure. C'est comme si l'on avait vendu tout autre corps certain, par conséquent, la propriété est immédiatement transférée à l'acheteur, et les risques passent à sa charge, Dans le second cas, « la vente n'est pas parfaite, dit l'art. 1585, en ce sens que les choses vendues sont aux risques du vendeur jusqu'à ce qu'elles soient pesées, comptées ou mesurées ; mais l'acheteur peut en demander ou la délivrance, ou des dommages et intérêts, s'il y a lieu, en cas d'inexécution de l'engagement. » Les obligations de la vente sont donc produites : le vendeur doit livrer ; par réciprocité, l'acheteur doit prendre livraison. Les parties sont définitivement liées, et l'acheteur devient propriétaire sous cette condition suspensive : *si le mesurage a lieu.* Par conséquent, si la chose vient à périr avant le mesurage, elle périra pour le vendeur ; car, dans les ventes conditionnelles, les risques de la chose vendue ne sont pas à la charge de l'acheteur.

§ 2 — *Vente des choses que l'on est dans l'usage de goûter, avant d'en faire l'achat.* — Art. 1587 : « Il n'y a pas vente tant que la chose vendue n'a pas été goûtée et agréée par l'acheteur. » Il est assez difficile de déterminer la véritable portée de cet article. Y a-t-il vente conditionnelle liant dès à présent les deux parties, sous la condition que la chose conviendra ? Nous ne le pensons pas. Y a-t-il contrat unilatéral qui, sans obliger l'acheteur, lie dès à présent le vendeur ? Nous ne le croyons pas davantage ; car les termes de l'article sont trop formels et trop positifs. Jusqu'à la dégustation et l'agréage, il n'y a, selon nous, qu'une simple convention non obligatoire, qu'un projet que les parties sont impunément libres d'abandonner. Du reste, il faudra toujours, dans une hypothèse semblable, recourir avant tout à l'intention des parties ; la question sera presque toujours une question de fait, qui se résoudra d'après les circonstances. Enfin, l'application de notre article devenant nécessaire, il faudra toujours la restreindre au cas où il s'agit de choses que l'acheteur doit consommer lui-même.

§ 3. — *Ventes à l'essai.* — La vente à l'essai est présumée faite sous condition suspensive (1588). L'effet de cette vente est de lier irrévocablement le vendeur. Elle aura la même force, vis-à-vis de l'acheteur, s'il est démontré que la chose vendue réunit toutes les qualités qu'on devait en attendre ; à moins toutefois qu'il ne ressorte des circonstances que la vente a été faite sous la condition que la chose conviendrait au goût individuel de l'acheteur. Il faudra donc encore, ici, consulter avant tout l'intention des parties, qui sont libres du reste de faire une vente semblable sous condition résolutoire.

§ 4. — *Des promesses de vente.* — « La promesse de vente vaut vente, dit l'art. 1589, lorsqu'il y a consentement sur la chose et sur le prix. » Il est évident que l'article ne s'occupe que des promesses de vente synallagmatiques, c'est-à-dire suivies de promesses d'acheter. Pour comprendre cette disposition, il est nécessaire de remonter à l'ancien droit.

A cette époque, la plupart des auteurs ne faisaient produire aux promesses de vente que des dommages et intérêts, en cas d'inexécution de la part de l'une des parties. Mais la jurisprudence ne tarda pas à admettre que la promesse de vente obligeait les parties à passer acte. Si l'une d'elles s'y refusait, intervenait un jugement qui valait acte, et qui, comme conséquence, valait vente (Danty, Preuve, 740). Le Code est encore allé plus loin, il a attribué légalement à la promesse de vente la force qu'elle recevait du jugement, dans l'opinion de l'ancienne jurisprudence, et des auteurs qui suivaient son système.

L'art. 1590 apporte une restriction, qui du reste est loin d'être absolue, à l'assimilation que l'article précédent a établi entre la vente et la promesse de vente. La différence qu'il fait supposer est relative aux arrhes. Quand les arrhes accompagnent une promesse de vente, elles sont présumées être un dédit. Chacune des parties peut se départir du contrat, celle qui a donné les arrhes en les perdant, celle qui les a reçues en restituant le double. Quand les arrhes, au contraire, accompagnent une vente on admet généralement qu'elles sont une preuve de l'irrévocabilité du contrat, *signum contractæ emptionis*. Mais ces présomptions devront toujours céder devant la preuve contraire, devant l'intention des parties, l'usage des lieux, etc.

Passons maintenant aux promesses de vente unilatérales. Elles sont certainement valables; car le silence de la loi ne peut nous autoriser à rejeter des conventions qui n'ont rien de contraire aux lois ou à l'ordre public.

Quand la promesse de vente a été acceptée, il y a vente sous condition suspensive, purement potestative de la part du futur acheteur. Le vendeur, au contraire, est définitivement lié; quant à lui, la condition est casuelle. Si la condition se réalise, elle rétroagira au jour de la promesse, et par suite les droits réels consentis dans l'intervalle par le vendeur seront résolus.

DU PRIX.

D'abord le prix doit consister en argent. S'il en était autrement, il n'y aurait plus vente il y aurait échange.

Le prix ne doit pas être fictif, c'est-à-dire qu'il doit être fixé avec l'intention de l'exiger ; car autrement, le contrat serait une donation déguisée sous l'apparence d'une vente. Il faudrait en dire autant du cas où le prix ne serait pas sérieux, comme si, par exemple, un immeuble avait été vendu *uno nummo*.

Toutefois, pour que la vente soit valable, il n'est pas nécessaire que le prix représente exactement la valeur de l'objet vendu. C'est ce qui s'induit nécessairement de l'art. 1674 qui accorde l'action en rescision pour vileté du prix, c'est-à-dire pour lésion de plus des sept douzièmes. Il ne faut donc pas confondre un prix dérisoire avec un prix vil. La loi n'a pas posé, du reste, les limites qui séparent l'une de l'autre. C'est aux tribunaux à établir la distinction.

Enfin, le prix doit être déterminé par les parties au moment même de la vente. Il ne faut pas, en effet, qu'il dépende de l'une d'elles de le diminuer ou de l'augmenter après coup. Toutefois, il n'est pas nécessaire qu'il consiste dès à présent dans une somme fixe et invariable, il suffit que le contrat contienne les bases d'après lesquelles on pourra arriver à sa détermination. Bien plus, cette détermination peut être laissée à l'arbitrage d'un tiers ; mais si le tiers ne veut ou ne peut faire l'estimation il n'y aura point de vente ; car les parties ne s'étaient dispensées de fixer elles-mêmes le prix qu'en considération de la confiance qu'elles avaient réciproquement dans le tiers désigné.

Enfin, l'art. 1593 termine le chapitre premier en disant : que es frais d'actes etautres accessoires sont à la charge de l'acheteur. Remarquons, toutefois, que ces frais sont en réalité supportés par le vendeur qui, sans eux, aurait vendu plus cher.

CHAPITRE II.

« Tous ceux auxquels la loi ne l'interdit pas peuvent acheter ou vendre » (1594). En effet, d'après l'art. 1123 la capacité est la règle, l'incapacité l'exception. L'incapacité ne peut donc se présumer; il faut qu'elle résulte d'une disposition législative expresse.

Suivons le Code dans les probibitions qu'il indique.

La première est contenue dans l'art. 1595, qui, en principe, défend les ventes entre époux. On a eu pour but, en édictant cette règle, d'empêcher les époux de se faire des libéralités irrévocables et de prévenir les fraudes, qu'aurait rendues faciles la possibilité de faire passer les biens de celui qui a des dettes sur la tête de celui qui n'en a pas. Mais la cause de ces craintes venant à disparaître, on devait atténuer la rigueur du principe. C'est ce qu'ont fait les rédacteurs du Code en indiquant les trois exceptions suivantes :

1° Une séparation judiciaire est intervenue entre les époux. Liquidation faite, l'un d'eux se trouve reliquataire de l'autre; la loi déclare valable la cession d'un de ses biens personnels que l'époux débiteur fait à l'autre en payement de ses droits.

2° Le mari est débiteur de sa femme, il n'y a pas de séparation : le mari est autorisé à se libérer en cédant un de ses immeubles.

La loi n'accorde cette faculté qu'au mari, la femme ne peut donc en user. On a craint, sans doute, que le mari, si ce mode de libération eût été permis à la femme, n'usât de son influence pour dépouiller celle-ci de sa propriété immobilière.

3° Le troisième cas exceptionnel est celui : « où la femme cède des biens à son mari en payement d'une somme qu'elle lui aurait promise en dot, et lorsqu'il y a exclusion de communauté. » Ce troisième cas ne figurait pas dans le projet du Code civil, et lors de l'envoi de ce projet aux tribunaux, il fut proposé par le tribunal de Grenoble. Du reste, la disposition est applicable à tout régime autre que la communauté, quoiqu'en disent certains auteurs qui veulent en limiter l'effet au régime dotal.

Dans ces trois cas, la vente est valable, « sauf, ajoute l'article, les droits des héritiers des parties contractantes, s'il y a avantage indirect. » Malgré les arguments *a contrario* des art. 911 et 1099, arguments qu'on a invoqués pour soutenir le système contraire, nous croyons que l'exercice de ces droits appartient à tout héritier, qu'il soit réservataire ou qu'il ne le soit pas. En effet, les donations entre époux, faites pendant le mariage, doivent être essentiellement révocables (1096). Or, une donation déguisée sous l'apparence d'un contrat à titre onéreux, n'est-elle pas, en fait, irrévocable? L'époux qui a été d'abord assez faible pour consentir à l'avantage indirect, reprendra-t-il plus tard assez d'empire pour oser en demander la révocation? par conséquent, l'opération est nulle, et tout héritier a le droit d'en provoquer la nullité.

Poursuivons les prohibitions de vendre et d'acheter portées par le Code.

Art. 1596 : « Ne peuvent se rendre adjudicataires, sous peine de nullité, ni par eux-mêmes, ni par personnes interposées : les tuteurs, des biens de ceux dont ils ont la tutelle ; les mandataires, des biens qu'ils sont chargés de vendre; les administrateurs, de ceux des communes ou des établissements publics confiés à leurs soins; les officiers publics, des biens nationaux dont les ventes se font par leur ministère. »

Si la loi eût permis aux tuteurs, mandataires, etc., de se porter adjudicataires, il eût été à craindre qu'ils n'eussent préféré leurs intérêts à ceux des personnes qu'ils ont mission de représenter.

Art. 1597 : « Les juges, leurs suppléants, les magistrats remplissant le ministère public, les greffiers, huissiers, avoués, défenseurs officieux et notaires, ne peuvent devenir cessionnaires des procès, droits et actions litigieux qui sont de la compétence du tribunal dans le ressort duquel ils exerceront leurs fonctions, à peine de nullité et des dépens, dommages et intérêts. »

Le motif de la prohibition que porte cet article est facile à saisir : « le juge, disait Portalis, est établi pour terminer les contestations, et non pour en trafiquer ; » d'ailleurs, s'il en eût été autrement, le cédé aurait rencontré dans son cessionnaire un adversaire dont souvent la déloyale influence eût rendu inégales les chances du procès.

CHAPITRE III.

DES CHOSES QUI PEUVENT ÊTRE VENDUES.

Pour qu'une chose puisse être vendue, il faut qu'elle soit dans le commerce. Mais dès qu'elle est dans le commerce, elle peut faire l'objet d'une vente, à moins que des lois particulières n'en prohibent l'aliénation (1123, 1598).

Énumérons les prohibitions que contient le Code, et quelques-unes de celles qui se trouvent éparses dans diverses dispositions législatives.

1° On ne peut vendre la succession d'une personne vivante

(1600), parce que, ainsi que le disait Pothier (Vente, 527), un pareil traité est contraire aux bonnes mœurs, comme entraînant le vœu de la mort du *de cujus.*

2° Si, au moment de la vente, la chose vendue était périe en totalité, la vente serait nulle (1601). Elle serait nulle, faute de cause. Remarquons toutefois, qu'il faut excepter le cas où les parties auraient voulu faire un contrat aléatoire.

3° On ne peut vendre les tabacs, les poudres, cartes à jouer, dont le monopole est réservé à l'État.

4° Les blés en vert; lois des 6 et 23 messidor an III.

5° La loi du 25 juin 1841 a prohibé en principe la vente des marchandises neuves, soit aux enchères, soit au rabais (art. 1er). La vente à l'encan de ces marchandises avait fait naître de graves abus. Le commerce régulier y éprouvait une fâcheuse concurrence, et les particuliers y étaient exposés à des fraudes, que favorisait la précipitation des enchères. Mais la loi a tempéré la rigueur de sa prohibition par des exceptions assez nombreuses. Ainsi, en sont affranchies, d'après l'art. 2, les ventes prescrites par la loi ou faites par autorité de justice, celles faites après décès, faillite, cessation de commerce, ou dans tous les autres cas de nécessité dont l'appréciation sera soumise au tribunal de commerce.

Dans tous les cas ainsi exceptés, la vente ne pourra être faite par les parties, mais seulement par les officiers publics (art. 3, 4 et 5).

Les seules ventes de marchandises neuves qui pourront continuer à être faites à cri public, par le vendeur, sont celles d'objets de peu de valeur, et connues dans le commerce sous le nom de menue mercerie.

6° Enfin, et nous avons eu déjà l'occasion de le dire, l'article 1599 prohibe la vente de la chose d'autrui.

Cette différence entre notre droit et le droit romain est une déduction toute naturelle des principes sur lesquels reposait la vente à Rome, et de ceux sur lesquels elle repose chez nous. Nous croyons les avoir suffisamment expliqués, nous n'y reviendrons pas. Quant aux conséquences qui découlent de cette différence, elles sont très-importantes. A Rome, tant que l'acheteur n'était pas troublé dans sa possession, il n'avait rien à réclamer de son vendeur, quand même il aurait eu la preuve qu'on lui avait vendu la chose d'autrui. Chez nous, au contraire, l'acheteur ne serait-il pas troublé, du moment qu'il est certain qu'on lui a vendu la chose d'autrui, il peut demander la nullité de la vente ; et ce droit lui appartient, qu'il soit ou non de bonne foi ; seulement, s'il a su que la chose n'appartenait pas au vendeur, il ne pourra exiger des dommages-intérêts ; dans l'autre hypothèse, ils lui seront dus même par le vendeur de bonne foi.

La nullité dont nous parlons est fondée sur le défaut de cause dans le contrat, c'est donc une nullité absolue ; de là, les conséquences suivantes : elle ne se prescrira que par trente ans, elle pourra être invoquée par le vendeur. Seulement, sur ce dernier point, on fait avec raison des restrictions ; mais on est loin de s'entendre sur l'étendue qu'il faut leur donner.

Enfin, terminons en disant que, s'il n'y a pas vente dans le le cas de l'art. 1599, il y a néanmoins un fait juridique qui produit des effets. Ainsi l'acheteur a droit à des dommages-intérêts parce que le vendeur s'est rendu coupable à son égard d'un fait dommageable, il fait les fruits siens, parce qu'il est de bonne foi ; enfin, il prescrit par dix ou vingt ans, parce qu'il a la possession et une juste titre.

CHAPITRE IV.

DES OBLIGATIONS DU VENDEUR.

SECTION 1re.

Dispositions générales.

La loi, supposant que le contrat est l'œuvre du vendeur, décide que tout pacte obscur et ambigu s'interprète contre lui (1602). Mais cette règle, ne devra recevoir son application que lorsque tous les autres moyens d'interprétation auront été insuffisants, et on devra la rejeter à l'égard des clauses qui auront été évidemment introduites par l'acheteur.

Le vendeur est tenu de deux obligations principales : il doit livrer et garantir la chose qu'il vend ; il doit également transférer la propriété ; mais l'art. 1603 n'en parle pas, parce que le plus souvent cette obligation s'accomplit à l'instant même où elle naît.

SECTION II.

De la délivrance.

La délivrance est le transport de la chose vendue en la puissance et la possession de l'acheteur (1604).

Quant aux différentes manières dont elle peut s'opérer, le Code distingue entre les immeubles et les meubles, les choses corporelles et les choses incorporelles.

« L'obligation de livrer les immeubles, dit l'art. 1605, est remplie de la part du vendeur lorsqu'il a remis les clefs, s'il

s'agit d'un bâtiment, ou lorsqu'il a remis les titres de propriété. »
Prise à la lettre, cette disposition mènerait à l'absurde. Et en
effet, à quoi servirait la remise des clefs sans la remise des titres, et la remise des titres sans la remise des clefs? A quoi servirait même la remise des titres et des clefs, si le vendeur ne
déguerpissait pas? Cet article est donc trop absolu ; car s'il est
vrai que la délivrance puisse résulter quelquefois de la seule
remise des titres, le plus souvent ce premier fait devra être
suivi de la remise des clefs, et précédé du délaissement.

Le vice de rédaction de cet article, s'explique historique-
ment. Dans le droit romain et dans l'ancienne jurisprudence, la
tradition avait pour effet de transférer la propriété. Or, rien
n'empêchait d'attacher cet effet à l'une des deux circonstances
mentionnées dans l'article. Les rédacteurs du Code ont copié
la théorie romaine dans son mode d'application, sans s'aper-
cevoir des modifications que devait y apporter le changement des
principes.

Quant aux meubles, l'art. 1606 indique trois modes de délivrance, qui toutefois ne sont pas les seuls.

Elle peut d'abord s'effectuer par la tradition réelle, c'est-à-
dire par la livraison des choses elles-mêmes ; elle peut se faire
encore par la remise des clefs des bâtiments qui contiennent
les choses vendues ; et cette tradition, quoique ne portant pas
directement sur la chose, n'en est pas moins réelle, puisqu'elle
met la chose vendue en la puissance et la possession de l'acheteur. Le vendeur ne pourrait plus s'en ressaisir qu'en commet-
tant un vol, au moyen d'une effraction ou de fausses clefs. — La
délivrance des meubles se fait, en troisième lieu, par le seul consentement, dans les deux cas suivants : 1° lorsque le transport
ne peut s'en faire au moment de la vente ; 2° lorsque l'acheteur
les avait déjà à un autre titre (1606). Nous ne pouvons encore
expliquer cette fin d'article, que par un souvenir malheureux

du droit romain. Car, nous n'apercevons pas l'utilité que peut procurer ce mode de délivrance, à moins que dans le premier cas, on ne dise qu'elle dispense le vendeur de veiller à la conservation de la chose, au moins en tant que vendeur.

Enfin, quant aux choses incorporelles, droits réels, usufruit, servitudes, la délivrance s'en opère par l'usage que l'acquéreur en fait, du consentement du vendeur, ou par la remise des titres (1607). Disons seulement que, la plupart du temps, ces deux circonstances devront exister simultanément.

Comme les accessoires d'une obligation en font réellement partie, il s'ensuit que les frais de délivrance sont à la charge du vendeur, et ceux d'enlèvement à la charge de l'acheteur (1608).

Les articles suivants jusqu'à l'art. 1615, inclusivement, ne contiennent que des applications des principes généraux ; nous ne nous y arrêterons pas.

L'art. 1616 pose un principe facile : « le vendeur est tenu de délivrer la contenance, telle qu'elle est portée au contrat. » Mais il annonce des modifications à cette règle. Examinons les deux hypothèses que prévoit le Code.

1° On a vendu un champ de vingt hectares, à raison de 500 fr. l'hectare, c'est l'hypothèse traitée dans les art. 1617 et 1618.

Comme ici, les parties ont attaché la plus grande importance à l'exactitude de la contenance déclarée, la loi décide avec raison que toute augmentation ou diminution de quantité donne lieu à une augmentation ou diminution proportionnelle du prix ; et dans le cas où l'excédant de la contenance est d'un vingtième, l'acheteur a le droit ou de prendre la chose avec augmentation proportionnelle du prix, ou de faire résilier le contrat. Cette faculté d'option lui a été accordée, parce qu'il eût été injuste de le forcer à faire une acquisition au delà de ses moyens et de ses besoins. Remarquons qu'il n'a jamais le droit de limiter son acquisition à la contenance déclarée, en forçant le vendeur à conserver l'excédant ; car, ce dernier a entendu vendre un tout, et non une partie de ce tout.

Quand, au lieu d'une augmentation d'un vingtième, il se trouve un déficit de la même quantité, l'acheteur n'a pas, en principe, le droit de faire résilier le contrat ; mais s'il est constant qu'il n'aurait pas acheté s'il avait connu la véritable étendue, nous croyons qu'il faut appliquer par analogie l'art. 1636 et lui donner l'action en résiliation.

2° On a vendu une certaine quantité d'hectares, non pas à tant l'hectare, mais pour une somme fixe ; c'est l'hypothèse prévue par les art. 1619 et 1620.

D'abord, l'art. 1619 commence par effacer, comme trop subtile, une distinction que faisait l'ancien droit, selon que l'énonciation de la contenance avait précédé ou suivi celle de l'objet vendu. Puis, il pose la règle qu'il n'y aura lieu à augmentation ou diminution du prix qu'autant que la différence entre la contenance réelle et la contenance déclarée, produit, eu égard au prix total, une différence d'un vingtième en plus ou en moins. Quand la différence est en plus, l'acheteur a le droit, comme dans l'hypothèse précédente, et pour la même raison, de demander la résiliation du contrat (1620).

Quant aux derniers mots de l'art. 1619, *eu égard à la valeur de la totalité des objets vendus*, ils se rattachent à l'art. 1623. D'après cet article, si l'on vend plusieurs fonds par le même contrat, pour fixer l'augmentation du prix ou sa diminution, il ne faudra pas s'attacher à la quantité en plus ou en moins en étendue, mais avoir égard à la valeur relative des fonds : c'est la solution des lois romaines (Loi 42, de act. empt. et vend., Dig.).

Les deux articles qui nous restent n'offrent pas de difficulté.

Quand l'acheteur se désiste, le vendeur est obligé de rembourser les frais du contrat, car c'est par sa faute que la résiliation
a eu lieu (1621). Et enfin, l'action en rescision, diminution ou
augmentation, quand elle a lieu, se prescrit par un an, parce
qu'un plus long délai eût jeté de l'incertitude dans la propriété.

SECTION III.

De la garantie.

Le vendeur est tenu de garantir son acheteur, c'est-à-dire de
lui procurer une possession paisible et utile, ou de l'indemniser, s'il ne peut y parvenir. L'obligation de garantie naîtra
donc dans deux cas : 1° lorsque l'acheteur sera évincé ou menacé de l'être ; car alors la possession ne sera plus paisible ;
2° lorsque des défauts cachés, appelés vices rédhibitoires,
anéantiront ou diminueront l'usage de la chose vendue ; car
alors la possession ne sera plus utile.

§ 1er. — De la garantie en cas d'éviction.

Le vendeur étant obligé de transférer la propriété, doit être
tenu, à plus forte raison, d'assurer à l'acheteur une possession
réelle et paisible de la chose vendue. Cette obligation est de la
nature de la vente, c'est-à-dire qu'elle incombe au vendeur,
même en l'absence de toute stipulation à ce sujet ; mais comme
elle n'est que de la nature du contrat, il s'ensuit qu'il est permis aux parties d'en modifier les effets par des conventions expresses, d'en restreindre ou d'en augmenter l'étendue, et même
de l'anéantir complétement (1627).

Il est pourtant un cas dans lequel la garantie est de l'essence
même de la vente, et dans lequel, par conséquent, toute stipu

lation ayant pour but d'en affranchir le vendeur, doit être considérée comme non avenue ; c'est celui où l'éviction viendrait à résulter d'un fait personnel au vendeur , c'est-à-dire proviendrait de l'exercice d'un droit par lui consenti (1628). La loi devait prohiber une clause dont l'effet eût été d'enrichir le vendeur, à raison même de sa mauvaise foi ; mais, ce cas excepté, les conventions des parties feront leur loi.

Toutefois , il importe de ne pas se méprendre sur l'étendue que donne le Code à une stipulation pure et simple de non garantie. Une clause semblable ne dispense pas le vendeur, comme on pourrait tout d'abord le croire, de restituer à l'acheteur le prix qu'il a reçu. Elle l'affranchit seulement de l'obligation de payer des dommages et intérêts. S'il était autorisé à garder le prix, il le conserverait sans cause, puisqu'il ne lui a été donné que comme l'équivalent d'un droit de propriété qu'il n'a pas transmis. Pour que le vendeur puisse se dispenser même de restituer le prix , il faut, qu'en outre de la clause de non garantie, l'acquéreur ait connu le danger de l'éviction , ou qu'il ait acheté à ses risques et périls (1629). Dans ce cas, la vente prend le caractère d'un véritable contrat aléatoire.

Lorsque rien ne vient modifier l'obligation de garantie du vendeur, celui-ci est tenu de restituer à l'acheteur :

1° Le prix tel qu'il avait été fixé ; et peu importe que la chose ait diminué de valeur, soit par cas fortuit, soit même par le fait de l'acheteur, qui se croyait propriétaire ; car l'action de ce dernier est, non pas une demande de dommages-intérêts, mais une *condictio indebili*. — Toutefois, si l'acheteur a tiré quelque profit des détériorations qu'il a fait subir au fonds, il devra déduire ce profit de la somme qu'il demandera au vendeur (1632).

2° La valeur des fruits, lorsque l'acheteur est obligé de les rendre au propriétaire qui l'évince ; ce qui aura lieu lorsque l'acheteur, de bonne foi au moment du contrat, sera devenu plus tard de mauvaise foi, parce qu'il aura appris, soit indirectement, soit par la demande en revendication intentée contre lui, que la chose n'appartenait pas au vendeur.

3° Les frais faits tant sur la demande principale que sur la demande en garantie. Toutefois, ceux de la demande principale (à l'exception de ceux de l'exploit introductif), ne sont pas dus, si l'acheteur les a faits sans mettre son vendeur en cause, et si, d'ailleurs, ils n'étaient pas utiles à celui-ci pour son système de défense.

4° Les frais et loyaux coûts du contrat ; car l'acheteur doit être rendu indemne.

5° Enfin, le vendeur doit la plus-value résultant des cas fortuits (1633), et à plus forte raison celle qui provient de l'industrie et de la bonne administration de l'acheteur. Et à cet égard nous ne pensons pas qu'on doive faire la distinction posée dans l'art. 1150 ; car la disposition de l'art. 1633 nous paraît assez formelle pour qu'elle puisse nous faire croire qu'on a dérogé aux principes qui régissent les dommages-intérêts. Ainsi, que le vendeur soit de bonne ou de mauvaise foi, il n'en devra pas moins toute la plus-value, même celle que les parties n'ont pas pu raisonnablement prévoir au moment du contrat. Mais, sous un autre rapport, il n'est pas inutile de distinguer si le vendeur a été de bonne ou de mauvaise foi. Dans le premier cas, il ne devra que les dépenses nécessaires et utiles, ou la plus-value qu'elles ont procurée. Dans le second, il sera tenu de rembourser même les dépenses voluptuaires ou d'agrément (1635).

Remarquons, du reste, que le vendeur est loin de payer à son acheteur toute la plus-value ; car le revendiquant doit tenir compte à l'acheteur de bonne foi des dépenses par lui faites, lorsque la plus-value est supérieure à ces dépenses, et de la plus-value, quand elle est inférieure au montant des dépenses.

Donc, l'acheteur ne devra en totalité à son vendeur que la plus-value résultant des cas fortuits. Quant à celle qui résulte des dépenses faites par l'acheteur, ou elle sera payée en totalité par le revendiquant, ou elle sera due, partie par le revendiquant, partie par le vendeur.

Tout ce que nous venons de dire concerne l'éviction totale.

Dans le cas d'éviction partielle, les principes sont tout différents. D'abord, on examine si la partie dont l'acheteur a été évincé est ou non telle, qu'il y ait lieu de croire que, sans elle, il n'eût pas acheté. Dans le premier cas, l'acheteur a le choix, ou de maintenir le contrat ou de le faire résilier. Dans le second, le contrat est toujours maintenu. Quand le contrat est résilié, on applique les principes de l'éviction totale. Quand il est maintenu, au contraire, l'acheteur n'a plus droit à telle ou telle partie du prix; il ne peut réclamer qu'une indemnité représentant la valeur actuelle de la partie dont il est évincé. Et nous ne ferons pas la distinction que certains auteurs établissent entre le cas d'une éviction *pro diviso* et celui d'une éviction *pro indiviso*; car les termes de l'art. 1637 sont généraux et ne distinguent pas. Du reste, puisque le contrat subsiste, il ne peut pas être question de restitution du prix, mais seulement de dommages-intérêts.

On peut regarder comme une sorte d'éviction partielle, et l'on doit, par suite, soumettre aux règles que nous venons d'expliquer le cas où l'acheteur a vu sa jouissance gênée ou diminuée par l'exercice d'une servitude passive non déclarée au moment de la vente. Mais ceci n'est applicable qu'aux servitudes non apparentes, parce que l'acheteur pouvait se convaincre de l'existence des autres par un examen plus attentif de la chose.

PROCÉDURE DE LA GARANTIE.

(175-186, C. de pr.)

Nous avons vu quels sont les droits que la garantie confère à l'acheteur ; il nous reste à examiner comment il peut les mettre en action.

D'abord, il peut attendre que l'éviction soit consommée, et recourir ensuite contre son vendeur par action principale. Mais cette marche peut lui devenir très préjudiciable ; car elle l'expose à perdre son recours en garantie si son vendeur prouve qu'il avait des moyens de défense propres à établir son droit de propriété (1640).

Pour éviter ce danger, il peut, quand il est actionné par le revendiquant, appeler son vendeur en cause par demande incidente : il aura, pour le faire, un délai de huitaine à partir du jour de la demande originaire, plus un jour par 3 myriamètres ; et si, au lieu d'un seul garant, il y en a plusieurs, il n'y aura qu'un seul délai pour tous : ce sera celui auquel aura droit le garant le plus éloigné (175)

Si le garant prétend à son tour avoir droit à former une demande en sous-garantie, il jouira du même délai de huitaine, à partir du jour de la demande en garantie formée contre lui, et ainsi de suite à l'égard du sous-garant ultérieur (176).

A ce délai de huitaine peut s'en joindre un autre d'une durée bien plus longue, dans le cas où l'acheteur actionne l'héritier du vendeur, qui se trouve encore dans les délais pour faire inventaire et délibérer. Dans cette hypothèse, ce ne sera qu'après l'expiration des trois mois et quarante jours, que commencera à courir le délai de la demande en garantie (177) ; car, en défendant l'acheteur, le garant ferait acte d'héritier, et, par suite, serait réputé acceptant.

Jusqu'ici, on n'aperçoit pas quelle est l'utilité que peut procurer à l'acheteur la demande en garantie dans le procès en
revendication qui est intenté contre lui. Pour s'en rendre
compte, il faut savoir que le demandeur originaire ne peut
pas poursuivre l'instance avant que les délais de l'action en garantie ne soient échus. Mais, pour qu'il en soit ainsi, il faut
évidemment que le revendiquant ait été averti, et l'avertisse-
ment lui est donné par acte d'avoué à avoué, signifié dans les
délais de l'assignation.

La demande en garantie incidente suspend donc l'action en
revendication ; c'est ce qui l'a fait ranger parmi les exceptions
dilatoires par le Code de procédure.

La demande en garantie, comme demande incidente, est ju-
gée au même tribunal où l'action principale est pendante, quel
que soit d'ailleurs le domicile du garant (181). Cette exception
aux principes généraux de la compétence est motivée sur la
liaison intime des deux causes, et sur l'opportunité d'éviter
une contrariété possible de jugements.

Arrivons maintenant aux effets de la garantie, et commen-
çons par faire remarquer qu'il ne peut être question, en matière de vente, que de la garantie formelle. Les effets de cette
garantie seront fort différents, suivant la position que prendront
les parties.

D'abord, le vendeur appelé en cause s'est borné à intervenir
passivement, sans déclarer prendre le fait et cause de l'acheteur. Alors le procès continue à se débattre entre le demandeur originaire et l'acheteur. Seulement, le même jugement qui
condamnera l'acheteur envers le revendiquant, condamnera
le vendeur aux dommages-intérêts envers l'acheteur.

En second lieu, le vendeur a déclaré prendre le fait et cause
de son acheteur. Alors, de deux choses l'une : ou l'acheteur ne
requiert pas sa mise hors de cause, auquel cas il reste partie au

procès, à côté du vendeur, plaidant et défendant avec lui ; ou
bien il requiert à temps sa mise hors de cause. Ici, une sous-
distinction est encore nécessaire : l'acheteur, quand il le
demande et quand le revendiquant ne s'y oppose pas, peut demander à être mis hors de cause d'une manière complète, absolue. Dans ce cas, il reste tout-à-fait étranger au procès qui
s'agite entre le revendiquant et son garant ; le jugement qui interviendra ne pourra contenir de condamnation à son profit ;
si ses intérêts exigent qu'il rentre dans l'instance, il ne pourra
le faire que par une requête d'intervention. S'il veut éviter ces
inconvénients, il peut, tout en requérant sa mise hors de cause,
demander *à assister au procès*, c'est-à-dire à s'y faire représenter par le ministère d'un avoué. Il ne plaidera pas ; il ne
défendra pas ; mais, dès que ses intérêts lui sembleront com-
promis, il pourra rentrer en cause par une simple notification
aux parties, et sans qu'il soit besoin de former une demande
en intervention. Puis, au moment où l'affaire sera près d'être
terminée, il interviendra, s'il ne l'a déjà fait, pour poser des
conclusions tendant à faire condamner le vendeur à des dommages-intérêts envers lui, pour le cas où ce dernier viendrait
à succomber.

Nous avons déjà fait pressentir qu'il n'était pas toujours possible à l'acheteur de se faire mettre hors de cause. Il faut, en
effet, que sa demande, pour qu'elle soit admise, soit formée
avant tout jugement, et en second lieu, que le demandeur originaire ne s'oppose pas à ce qu'il se retire du procès, ce qu'il
pourra faire toutes les fois qu'il y aura un intérêt légitime.

§ 2. — De la garantie des défauts de la chose vendue.

Il y a vice rédhibitoire, et par conséquent lieu à la garantie,
toutes les fois que la chose vendue est affectée, lors de la vente,

de défauts cachés et inconnus de l'acheteur, qui la rendent impropre à l'usage auquel on la destine, ou qui diminuent assez notablement cet usage pour que l'acheteur n'eût pas acheté ou n'eût acheté que pour un prix bien moindre. Si les vices dont la chose est attaquée ne réunissaient pas toutes ces conditions; si, par exemple, ils étaient apparents, et tels que l'acheteur eût pu les remarquer lui-même; si, quoique non apparents, ils avaient été connus de lui par une voie quelconque: le vendeur n'en serait pas tenu et resterait à l'abri de toute action récursoire. Enfin, dans le cas où le vendeur sera soumis à la garantie, sa responsabilité sera plus ou moins grande, selon qu'il aura été de bonne ou mauvaise foi. Dans le premier cas, il ne sera tenu qu'à la restitution du prix et au remboursement des frais occasionnés par la vente (1646); dans le second cas, il sera passible, en outre, de tous dommages-intérêts (1645). Il peut même se présenter une hypothèse dans laquelle l'obligation du vendeur s'éteindra par suite d'un fait postérieur à la vente : ce sera celle où la chose vendue viendra à périr par cas fortuit, ou, à plus forte raison, par la faute de l'acheteur ; mais si elle périt par suite d'un vice dont elle est atteinte, la perte est alors supportée par le vendeur.

D'après l'art. 1644, l'acheteur a le choix d'opérer la rédhibition, c'est-à-dire de rendre la chose en se faisant restituer le prix, ou de garder la chose en se faisant rendre une partie du prix, telle qu'elle sera arbitrée par experts. Il a, par conséquent, deux actions : la première est l'action rédhibitoire ; la seconde, l'action en réduction ou *quanti minoris*. Le Code n'a pas fixé le délai dans lequel l'acquéreur doit intenter l'une ou l'autre de ces actions. Il laisse subsister à cet égard la diversité des anciennes coutumes, en donnant pour règle l'usage du lieu où la vente est faite.

Mais la loi du 20 mai 1838 est venue profondément modilier cet état de choses pour la vente des principales espèces d'animaux domestiques : cheval, âne, mulet, espèce bovine, espèce ovine. Ainsi, elle a déterminé les vices rédhibitoires d'une manière limitative ; elle a interdit l'action en réduction, et n'a plus laissé à l'acheteur que l'action rédhibitoire. Enfin, elle a fixé d'une manière uniforme, pour toute la France, le délai dans lequel l'action doit être intentée. Ce délai est, en principe, de neuf jours, et de trente dans deux cas exceptionnels. Il court à partir du jour de la livraison.

Les dispositions du Code Napoléon sont encore applicables aux ventes qui ne rentrent pas dans les cas spécifiés par la loi du 20 mai 1838.

CHAPITRE V.

DES OBLIGATIONS DE L'ACHETEUR.

La principale obligation de l'acheteur est de payer le prix (1650); ce payement doit être fait au jour et au lieu réglé par la convention. Si rien n'a été dit à cet égard, et que la vente ait été faite sans terme, l'acheteur doit payer au lieu et dans le temps où doit se faire la délivrance (1651). Mais si un terme a été accordé, on applique alors la disposition finale de l'article 1247, d'après laquelle le payement doit être fait au domicile du débiteur.

L'acheteur est tenu des intérêts du prix dans trois cas, que l'art. 1652 énumère :

1° Quand il y a eu convention expresse; c'est l'application de l'art. 1134;

2° Quand la chose vendue et livrée produit des fruits ou autres revenus. Il ne serait pas juste, en effet, que l'acheteur jouît à la fois des fruits de la chose et du prix qu'il n'a pas payé ;

3° Quand l'acheteur est sommé de payer. Une demande en justice n'est donc pas nécessaire; il suffit d'une simple sommation.

Dans tout contrat synallagmatique, l'une des parties ne peut être contrainte à l'exécution du contrat, si l'autre n'est pas prête à l'exécuter de son côté. Par conséquent, lorsque le vendeur ne livre pas, l'acheteur est autorisé à garder son prix; bien plus, il peut se faire que, même. après la délivrance opérée par le vendeur, l'acheteur puisse encore légitimement se refuser à payer; ce sera lorsqu'il sera troublé ou aura juste sujet de craindre d'être troublé par une action soit hypothécaire, soit en revendication. S'il n'en était pas ainsi, il pourrait se faire que l'acheteur, venant par la suite à être évincé, perdît tout à la fois et la chose et le prix. Mais comme la protection qu'on lui accorde doit cesser quand les causes qui la motivent viennent à disparaître, il s'ensuit qu'il ne pourra plus refuser le payement, quand le vendeur aura fait cesser le trouble, ou qu'il aura mis l'acheteur, en lui donnant caution, à l'abri de toute chance d'insolvabilité.

On a prétendu que l'art. 1653, que nous venons d'expliquer, était inconciliable avec l'art 1599, mais ces deux articles ne peuvent pas évidemment être opposés l'un à l'autre, puisqu'ils statuent sur deux hypothèses différentes. En effet, l'art. 1599 prévoit le cas où l'acheteur a la preuve qu'on lui a vendu la chose d'autrui; l'art. 1653 suppose, au contraire, que l'acheteur est troublé, ou menacé de l'être Or, par cela même qu'un tiers intente contre lui une action en revendication, il ne s'ensuit pas qu'il soit certain que ce tiers est propriétaire de la chose vendue; tant qu'il n'aura pas acquis cette preuve, il ne pourra invoquer que l'art. 1653.

L'art. 1654 soutient encore une autre application des principes généraux. Il rappelle la règle de l'art. 1184, d'après laquelle la condition résolutoire est toujours sous-entendue dans un contrat synallagmatique. Si donc l'acheteur ne paye pas le prix, le vendeur peut demander la résolution de la vente; mais la résolution ne s'opère pas de plein droit : il faut une demande en justice, et le juge peut même accorder des délais, à moins que le vendeur ne soit en danger de perdre et la chose et le prix (1655).

Pour éviter ces lenteurs, les parties peuvent convenir que, faute de payement du prix au terme convenu, la vente sera résolue de plein droit. Mais il faut se garder de donner à une clause pareille toute l'étendue que ses termes pourraient comporter; à la vérité, il ne sera question ici ni de demande en justice, ni de délais à accorder par le juge. Mais la seule échéance du terme ne mettra pas l'acheteur en demeure; il faudra une sommation (1656).

Les règles précédentes ne sont pas applicables aux ventes de denrées et effets mobiliers. En pareille matière, le principe de l'art. 1184 reçoit une application bien plus rigoureuse. L'article 1657 déclare, en effet, que « la résolution aura lieu de plein droit et sans sommation, après l'expiration du terme convenu pour le retirement. » La variation si rapide du prix des denrées et effets mobiliers, l'intérêt qu'a le vendeur à profiter des occasions favorables, nécessitaient cette disposition spéciale

DE L'ÉCHANGE.

(. C., art. 1762 à 1707).

L'échange est un contrat par lequel les parties se donnent une chose pour une autre. Il est parfait, comme la vente, par le seul consentement (1702, 1703).

Les considérations générales que nous avons déjà données nous ont fait voir que ce contrat avait, avec la vente, les plus grandes analogies. Aussi l'art. 1707 renvoie-t-il au titre de la vente pour toutes les questions qui peuvent s'élever sur l'é-change et qui ne sont pas décidées par les trois art. 1704, 1705, 1706.

Toutefois, de la définition même que nous avons donnée de l'échange, il résulte, avec la vente, une différence radicale ; c'est que dans l'échange il n'y a pas de prix, il y a dation d'une chose pour la dation d'une autre chose. De là découlent toutes les différences qui existent entre ces deux contrats.

Ainsi, aux termes mêmes de l'art. 1706, l'échange ne donne pas lieu à l'action en rescision pour cause de lésion de plus de sept douzièmes. Cette action n'a été introduite dans la vente qu'en faveur du vendeur malheureux qui, pressé par un besoin d'argent, souvent irrésistible, a été forcé de souscrire à toutes les conditions qu'un acheteur avide a voulu lui imposer. Or, on ne conçoit pas que l'échange, dans une société civilisée, puisse être la suite d'une impérieuse nécessité.

De même on écartera, en partie du moins, l'application de l'art. 1602, qui veut que tout pacte obscur s'interprète contre le vendeur. En effet, comme les deux parties jouent à la fois le rôle de vendeur et celui d'acheteur, il est juste que la clause obscure s'interprète contre celle qui cède la chose à laquelle cette clause se réfère.

Par la même raison, les frais d'actes qui, dans la vente sont à la charge de l'acheteur, seront ici supportés en commun.

L'échange, comme la vente, est un contrat translatif de propriété. Par conséquent, l'aliénation de chacun des objets ayant pour cause l'acquisition de l'autre, il n'y a pas d'échange, si l'un des coéchangistes n'est pas propriétaire de la chose par lui promise. Aussi, le coéchangiste qui s'aperçoit que la chose qu'il a reçue n'appartient pas à l'autre contractant, ne peut pas être forcé à livrer celle qu'il a promise en contre-échange, ou s'il l'a déjà livrée, il peut la revendiquer même contre des sous-acquéreurs, sauf, dans les deux cas, à rendre la chose qu'il a reçue.

QUESTIONS.

I. Dans les ventes d'immeubles, la transcription est-elle nécessaire pour transférer la propriété à l'égard des tiers? — Non.

II. La propriété des meubles corporels n'est-elle, à l'égard des tiers, transférée que par la tradition? — Non.

III. La vente faite entre époux, hors les cas déterminés par l'art. 1595, est-elle valable comme donation? — Non.

IV. Dans les ventes d'immeubles faites *a non domino*, la délivrance sert-elle à déterminer le point de départ de la prescription? — Non.

V. Dans le cas d'éviction partielle, y a-t-il lieu à distinguer entre l'éviction *pro diviso*, et l'éviction *pro indiviso* ? — Non.

VI. L'adjudicataire sur saisie, évincé de l'immeuble, peut-il agir en garantie contre le débiteur saisi ? — Oui.

VII. A-t-il le droit de réclamer aux créanciers le prix qu'il a payé ? — Oui.

VIII. Un second acheteur peut-il agir en garantie, directement et *omisso medio*, contre le vendeur primitif ? — Oui.

IX. Un donataire peut-il agir en garantie contre le vendeur de son donateur ? — Oui.

X. Lorsque l'une des parties, en échange de ce qu'elle reçoit, donne à l'autre un immeuble et une somme d'argent supérieure à la valeur de l'immeuble, y a-t-il vente ou échange ? — Il y a vente.

Vu par le Président de la thèse,
ORTOLAN.

Vu par le Doyen,
C.-A. PELLAT.